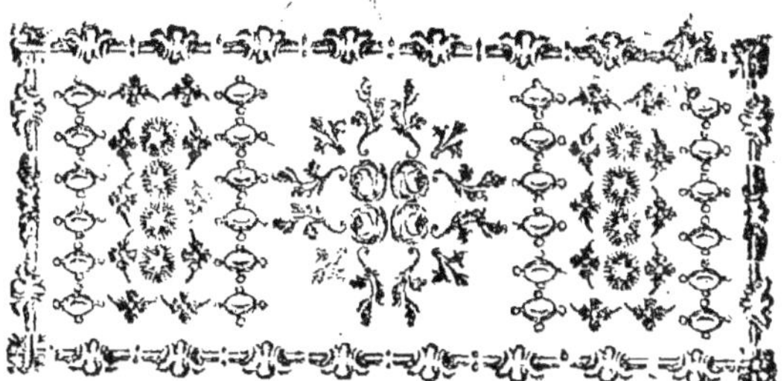

ARRÊTÉ

DE L'ADMINISTRATION
INTERMÉDIAIRE
DES ÉTATS D'ARTOIS.

LES DÉPUTÉS Généraux & Ordinaires
des Etats d'Artois, assemblés en l'Hôtel
desdits Etats à Arras, ont dit & ob-
fervé:

Que le plus essentiel de leurs devoirs
est de veiller à la conservation de la Conftitution de la Province ; que c'est pour
cela, fur-tout, que la Députation Ordi-
naire a été établie & qu'elle a reçu du
corps entier fes pouvoirs, pour les exer-
cer chaque fois que cette Constitution est
menacée.

Qu'au moment actuel, tous les habitans de l'Artois ne font pas feulement dans un état de crainte , mais dans un état de crife , occafionné par les Loix nouvelles , publiées le 8 Mai dernier , qui ont donné lieu à l'Arrêté pris le 26 du même mois , par le Confeil Provincial où l'enregiftrement de ces Loix vient de s'effectuer , du très - exprès commandement de Sa Majesté, par le Commiffaire départi envoyé à cette fin.

Que ce dernier acte (contre lequel le premier Tribunal du Pays a protefté , avant qu'il s'exécutât), oblige les Adminiftrateurs intermédiaires des Etats , de porter aux pieds du Trône des réclamations d'autant plus juftes , qu'elles font fondées fur les motifs les plus graves , puifés dans les principes conftitutionnels de l'Artois.

[']Ordonnance de Charles VI. du mois de Mars 1380.

Qu'il y a long-temps que les Peuples de cette Province, ont confié la défenfe de leurs droits & de leur liberté aux trois Etats du Pays, & qu'ils fe font engagé, d'être fideles au Prince , fous la promeffe qu'il leur a faite de les gouverner , *fuivant leurs immunités , nobleffe , franchi-*

ſes, liberté, priviléges, conſtitutions, uſages & coutumes.

Que l'Impôt direct & abſolu, répugne à l'exiſtence primitive de l'Artois; & que s'il a ſubi, par l'Abonnement, la charge du Vingtième, il n'eſt pas moins certain que ſa Conſtitution ne peut s'accorder qu'avec les Aides ou Subſides préalablement demandés, volontairement conſentis, mais toujours offerts avec ce zèle, cet empreſſement, cet amour pour leurs Souverains, dont les Etats ont donné & donneront toujours les preuves les plus éclatantes.

Toutes les Ordonnances des Aides depuis 1360, juſques & compris 1412. Traité de réconciliation du 22 Octobre 1579. Capitulations de 1640, 1641, 1645, 1677.

Qu'entre les Priviléges des Artéſiens, l'un des plus importans eſt encore celui de ne pouvoir être traduits, en première inſtance, pour quelque cauſe ou crime que ce ſoit, ailleurs que par-devant les Juges du Pays : de manière que tous & chacun de ceux qui habitent l'Artois, ne peuvent ſe ſouſtraire ni être ſouſtraits à la Juriſdiction de ces Juges naturels & domiciliaires.

Charte de Louis XI. du mois de Juillet 1481. Placard du 9 Mai 1548. Traité de Vaucelles de l'an 1555 Art. 4. Déclarations des 23 Août 1661. 7. Sept. même année, 16 Juin 1687, &c. &c.

Que la Juſtice, adminiſtrée dans les ⸺ s des

Coutume gé-nérale d'Artois. Art. 1, 2, 4, 6, 7, 32, 33.

Villes, par les Corps Municipaux repré-sentans des Communes, est exercée, dans les Seigneuries particulieres, par les Hommes Féodaux ou Roturiers *qui en sont les Juges-nés.*

Placards des 12 Mai, 20 & 23 Juin 1530, & 10 Juillet 1531, &c.

Que le Prince a par-dessus tous cette Puissance & cette Jurisdiction Souveraine qui surveille & protége toutes les autres, & dont, à son tour, il a confié l'exercice à un Conseil créé & établi originaire-ment par son autorité, de l'aveu & du consentement des Etats.

Lettres Paten-tes du 13 Déc. 1758.
Edit de Nov. 1745.
Edit du mois d'Août 1758.

Que ce Conseil Provincial & Supé-rieur, qui existe dans la Province, avec le titre de *Cour des Aides unie d'Artois à Arras,* est inhérent au Corps entier, comme les Justices des Villes, & des Sei-gneuries appartiennent viscéralement, soit aux Corporations, soit aux Fiefs & aux Seigneurs qui les possédent.

Sermens des 22 Mai 1362. 14 Oct. 1382. 6 Nov. 1404. Octob. 1419. 16 Mars 1468. 25 Juin 1498.

Que si les Artésiens se reposent, sur les sermens de leurs Comtes, même de leurs Comtes Souverains ; sur les ser-mens que les trois Ordres ont prêtés ré-ciproquement, ainsi que sur leurs Chartes,

(5)

Loix & Coutumes, ils doivent refter ce qu'ils font & ce qu'ils ont toujours été, fans novation, fans altération aucune ; fi ce n'eft pas l'avis, délibération & confentement des Etats duëment affemblés, comme l'Empereur Charle-Quint en a donné luimême un exemple mémorable, lorfqu'il voulût introduire la repréfentation dans fa Maifon, pour fuccèder au Comté d'Artois. *(11 Août 1549. 25 Juillet 1577. 21 & 22 Août 1598. 14 Fév. 1600. 16 Mai 1616 & 22 Mars 1623.)*

(Placard du 4 Nov. 1549, dit la Pragmatique-Sanction.)

Que la même immutabilité, la confervation intégrale de l'antique Conftitution du Pays, le maintien de fes Bailliages, Jurifdictions & Tribunaux quelconques, portent, même à titre de conquête, fur la foi des traités, fur les capitulations fucceffivement confenties & accordées pendant le fiécle dernier, fur la promeffe du Monarque plufieurs fois réitérée dans les réponfes qu'il a faites aux cahiers des Etats. *(Traité d'Arras du 23 Déc. 1482, Art. 7 & 16. de Senlis du 23 Mai 1493, Art. 21, 22 & fuiv. de Madrid du 14 Janvier 1526, Article 32. de Cambray 1529 Article 32. de Crefpy 1544, Art. 26. du Cateau-Cambrefis 1559, Art 5 & autres poftérieurs.)*

Que ce fût par ces Capitulations & ces réponfes que LOUIS XIII, dans fa Juftice, & LOUIS XIV. dans toute fa *(Texte des Capitulations.)*

gloire ont dit aux trois Ordres », pourvû
» que vous viviez en toute modeftie &
» fidélité , nous promettons que tous
» Priviléges, tant généraux que particu-
» liers , dont vous jouiffez, vous feront,
» de point en point, maintenus & gar-
» dés , *& vous en jouirez à l'avenir comme*
» *par le paffé.*

<table>
<tr><td>Même capi-
tulation.</td><td>» Eccléfiaftiques , Nobles , Magif-
» trats , habitans des Villes & du plat
» Pays d'Artois , vous ferez confervés
» dans la poffeffion paiffible de *tous vos*
» *Etats*, dignités , priviléges , franchi-
» fes , libertés , exemptions , *Seigneuries,*
» *Jurifdictions, Adminiftration* & ufages
» quelconques , & comme tous les ont
» ci-devant , & jufqu'à préfent poffédés
» & ufés, *fans qu'à perfonne il foit fait*
» *obftacle, dommage ou empéchement en*
» *iceux.*</td></tr>
<tr><td>Même capi-
tul. & aupara-
vant toutes les
Ordonnances
des Aides, fpé-
cialement le
traité du 22
Nov. 1579.</td><td>» Ne fera mife aucune impofition que
» par convocation, confentement & Af-
» femblée des Etats d'Artois, *conformé-*
» *ment à leurs Priviléges.*

Que les articles de ces différentes fti-</td></tr>
</table>

pulations ont , à la fois , le caractère &
l'autorité de Loix fondamentales pofiti-
ves , en ce que , par les Capitulations ,
les Peuples engageant leur fidélité , fous
les promeffes qui leur font faites de les
conferver dans leurs Priviléges , Etats ,
Loix , Droits & Coutumes : ces promeffes , qui font le gage de leur foumiffion ,
fixent le lien de protection , de juftice &
de confervation que leur doit le Monarque.

Qu'aux titres conftitutifs & effentiels à
l'Artois , qui ont opéré fon retour à la
Demination françaife , on doit joindre
ceux , non moins folemnels , qui ont pré-
cédé la Souveraineté de la Maifon d'Au-
triche , ceux qui furent fanctionnés par
les Souverains de cette Maifon , qui ont
reconnu , dans tous les temps , & de la
manière la plus précife , la néceffité de fe
conformer à des traités , à des coutumes
& ufages qu'ils avoient juré de maintenir
& de garder.

Que fi toutes les Loix publiées le 8
Mai dernier , ne donnent pas également
atteinte aux Priviléges de l'Artois , dont

(8)

on vient de préfenter l'analyfe ; s'il exifte, dans cette Province , d'anciens abus réfultans d'ufages & de formes antiques, dont la continuité nuifible aux Citoyens, doive exciter l'attention vigilante du Prince, & exige une réforme; cette réforme doit émaner des mêmes fources , & s'opérer par les mêmes moyens , c'eft-à-dire , par le concours, l'examen, la difcuffion & la rénonciation libre de tous les Ordres , qui ont en leur faveur l'état préfent , des titres anciens , des droits & Priviléges fur lefquels ils fe font toujours repofés avec cette douce fécurité qu'infpire la parole des ROIS.

Qu'il eft impoffible de ne pas reconnoître combien eft incompétente , en matière d'Impôt & de tout autre enregiftrement , cette Cour-Pléniére , dont l'une des Loix nouvelles a ordonné l'établiffement ; que cette Loi , par l'enfemble de fes difpofitions , par l'infuffifance de plufieurs, & même par l'équivoque de quelques-unes , eft entiérement fubverfive , ou plutôt deftructive du droit le plus facré , du droit le plus généralement important

portant

portant aux trois Ordres des Etats d'Artois : celui de délibérer préalablement fur
les Aides & Subfides , & d'y confentir
enfuite librement, fuivant les befoins du
Prince & de l'Etat , les forces & les fa-
cultés des Citoyens. Que deviendroit , en
effet , ce droit de confentement fi , comme le porte l'Edit , l'enregiftrement fait
par la Cour-Plénière devoit valoir par
tout le Royaume ? Comment recevroit-
on le refus , que pourroient faire les Etats
d'Artois , de donner leur confentement
à l'Impôt (ce refus ne fût-il que partiel ,)
lorfqu'un enregiftrement auroit dejà impri-
mé à cet impôt un caractère public d'exi-
gibilité ? Comment même concilier l'idée
d'un confentement , néceffairement préala-
ble & libre, avec un enregiftrement pro-
vifoire, qui doit avoir un effet de même
genre ?

Qu'en fuppofant que la feule antiquité
ait érigé en Loi de la Monarchie la for-
malité de l'enregiftrement & la liberté de
la vérification , il n'eft pas moins vrai
que l'une & l'autre doivent être mainte-
nues , par l'évidence du principe qu'un

Etat ne pouvant subsister sans Loix, il faut, [quand elles ont été trouvées conformes aux Droits & aux Priviléges locaux] qu'elles soient connues, qu'on puisse y avoir recours dans le besoin, qu'elles soient placées dans un dépôt sûr où il soit facile de les consulter.

Que ce dépôt ne doit exister que dans les mains des Corps politiques tels que les Cours Souveraines; & que la garde doit en appartenir, sur-tout, aux Tribunaux Supérieurs des Pays d'Etats, puisque les Loix de ces Pays, leurs Priviléges, titres & Coutumes, formant leur propriété la plus précieuse & la plus essentielle, cette propriété & tout ce qui en dépend, ne peut-être confié qu'à un Tribunal qui leur soit propre & particulier.

Que le Conseil d'Artois, institué *pour la conduite & le régime général du Pays*, & de tous ses habitans, le fût principalement pour recevoir, garder & faire observer les Loix quelconques de la Province, ses droits, franchises, libertés & priviléges; que cette mission primitive-

(11)

ment conftitutionelle de cette Cour, fon-
dée fur le Placard du 9 Mai 1531. §. &
qui n'a jamais fouffert d'atteinte relative-
ment aux impofitions, a donné lieu aux
repréfentations que les Etats ont faites ,
en différens temps , pour que les Loix
foit générales du Royaume , foit particulieres à l'Artois , continuaffent d'être
adreffées directement audit Confeil pour
y être vérifiées & enregiftrées ; confor-
mément aux réponfes, faites par les deux
Rois Prédéceffeurs de Sa Majesté , aux
cahiers des Etats de 1703 , & de 1731 ;
reponfes, qui ont fervi de bafe aux réfo-
lutions prifes fur le même fujet en 1763 ,
& en 1781.

Que pendant plufieurs fiécles toutes les
conteftations relatives , foit aux droits de
la domanialité réelle & patrimoniale du
Prince , foit aux Eaux & Forêts , furent
en Artois , de la compétence des Juges
ordinaires Domaniaux & Féodaux du Roi
& des Seigneurs ; tellement que Louis XIV
fit éprouver à ces Juges , une véritable
diftraction de Jurifdiction , lorfqu'en
1691 , il créa un Bureau des Finances

à Lille ; dont le pouvoir devoit s'éten-
dre en Artois , & quand il y établit des
Tribunaux particuliers , sous le nom de
Maîtrises , par les Edits de 1692 & de
1693. Qu'ainsi les Etats ne devroient
peut-être appercevoir , dans l'exécution
de l'Edit portant suppression des Tribunaux d'exception, qu'un retour à leur an-
cienne constitution , si cette suppression
n'embrassoit pas un Tribunal antique &
nécessaire à l'Artois, celui de son *Election
Provinciale* , confirmée & régénérée par
Edit du mois de Novembre 1745.

Qu'on doit croire que SA MAJESTÉ n'a
pas eu intention d'ôter aux Artésiens , cette
Jurisdiction , bien différente de celles de
même nom , dans l'intérieur du Royaume;
avec lesquelles , sauf le temps de l'ori-
gine , elle n'a rien de commun ; puisque
non-seulement elle a toujours connu , à
compter de son institution & en première
instance , au Civil & au Criminel, de
toute matière d'Aides & Octrois , mais
encore du fait de la Noblesse , ainsi que
des titres de distinction des personnes &
des terres , tant en principal qu'incidem-

Placard du
27 Fév. 1576.
23 Sept. 1595.

ment , & cela privativement à tous autres Juges , par le miniftère réquifitorial
de fon Procureur du Roi , miniftère qui
doit être toujours actif , aux termes des
Placards & des réglemens obfervés dans
la Province.

Edit & Or-
donnance du
14 Nov. 1716.
&c.

Que cependant l'art. 1er. du fufdit Edit,
ayant prononcé l'extinction des Elections
dans tout le Royaume , il eft d'autant plus
indifpenfable d'obtenir de SA MAJESTÉ,
qu'elle excepte au plutôt . l'Election
d'Artois de cette difpofition générale, que
l'attribution ordonnée par l'art. 4 , du
même Edit , fans réparer l'atteinte portée
d'abord à la conftitution & aux droits de
la Province , en cette partie , feroit re-
naître cette incompatibilité que Charles VI.
a voulu empêcher par fon Ordonnance de
1383 , en défendant aux Elus de tenir au-
cun Office , *dans les Jurifdictions ordinai-*
res , pourqu'ils ne fuffent pas diftraits de
leurs fonctions.

Après avoir délibéré fur ces motifs.

Les Députés Généraux & Ordinaires des
États d'Artois , ont arrêté de charger MM.
les Députés à la Cour , de faire inceffam-

ment au Roi, en conformité des présen-
tes, de très-humbles & très respectueuses
représentations, pour qu'il plaise à SA MA-
JESTÉ, maintenir l'Artois dans l'intégrité
de sa constitution, dans ses droits, franchises, libertés, immunités, priviléges,
loix, coutumes & usages; la supplier en
conséquence de faire cesser les inquiétu-
des & les alarmes que ressentent les habitans de cette Province, en déclarant
que les pouvoirs attribués à la Cour-Plénière, ne peuvent avoir d'effet en Artois, où ils donneroient une atteinte di-
recte au droit primordial, général & essentiel des Etats de délibérer préalablement sur les Aides & Subsides, & d'y
consentir librement ; maintenir pareille-
ment le Conseil Provincial dans ses droits,
pouvoirs & Jurisdiction tels qu'il en a joui
& dû jouir, notamment dans le droit de
procéder, en toute liberté, à l'examen,
vérification & enregistrement des Loix,
soit générales, soit particulieres à l'Artois,
dont l'adresse doit lui être faite directement ; de déclarer en outre, que l'Election
Provinciale d'Artois, n'est point compri-
se dans l'Edit portant Suppression, dans

tout le Royaume des Tribunaux d'exception , & que l'enregiftrement dudit Edit ,
s'il a été fait en ladite Election , avant
que SA MAJESTÉ ait ftatué fur les préfen-
tes , ne pourra nuire ni préjudicier en rien
à la Jurifdiction du Tribunal dont il s'a-
git , non plus qu'à fa conftitution ; & qu'à
l'égard des autres Loix , publiées le 8
Mai dernier , il fera furcis à toute exécution d'icelles , dans la Province , jufqu'à
ce que la prochaine Affemblée - Générale des Etats , ait été mife à portée de
délibérer fur ces Loix , & de faire con-
noître plus fpécialement à SA MAJESTÉ ,
celles qui , par leur oppofition partielle
ou totale avec les Loix , droits & ufages
de l'Artois , font de nature à ne pouvoir
y être obfervées , ou qui ne devroient y
être introduites qu'après avoir été modi-
fiées & combinées avec le droit Public ,
les Priviléges , Loix & Placards conftitu-
tionels du Pays & Comté d'Artois.

FAIT en l'Hôtel des Etats d'Artois le 12
Juin 1788.

Etoient fignés ALARD , Abbé de S. An-
dré , le Cte. de CUNCHY , DESMAZIERES.